WEIHNACHTEN?
NEIN DANKE!

EIN LUSTIGES MITMACHBUCH GEGEN WEIHNACHTSSTRESS

D1717388

Dieses Buch gehört

_____

LIEBE LESERINNEN UND LESER,

Es ist Dezember. "Last Christmas" läuft zum 157. Mal im Radio. Du beginnst zu überlegen, ob George Michael vielleicht in deinem Wohnzimmer wohnt. Höchste Zeit für dieses Buch! Es ist der perfekte Begleiter für all jene, die so gar keine Lust auf Weihnachten, Tannenduft und Klingglöckchen haben. Hier findest du eine Sammlung skurriler Aktivitäten, die deine Weihnachtsstimmung auf den Kopf stellen oder zumindest solange unterhalten, bis der letzte Keks gekrümelt hat. Schnapp dir einen Stift und entdecke die wunderbar schräge Welt der Weihnachtsmuffel. Also, lass uns gemeinsam dem Weihnachtswahnsinn einen Strich durch die Rechnung machen!

VIEL SPAB BEIM AUSFÜLLEN!

SCHLECHTE GESCHENKE

Eigentlich bist du schlechte Geschenke gewohnt. Aber dieses Jahr toppt wirklich alles! Suche die 6 versteckten Wörter, um herauszufinden, was du bekommen hast. Die Wörter können sich quer, längs, diagonal und rückwärts verstecken.

```
E D F Y Y D M C F M X Z S V W E H N A X Y C Y
E M P M M G N I K J S F O F B K D A O F Y W F
O M C W C Z X T L A A D Q M X Z H S K T L K N
F G V T Y Y B S O O C P Z F N G R E I P A P W
L P M X S G O O S P V O H S U U K N D Q M I F
B F Z H T M F U T V Z Z F L Y M Z H W A N Q K
C C T R A W T O E D E Z Y Z N M X A Y N G Q E
S X C U U L G I C P Z M K D I E A S I M J Y
U O G V B X U N N C S U P J K E W R X G J P O
X C T C C W Z Y F K Y A X S I N E T S T U I C
F O W K A R T O F F E L Q H B T Q R W X R Z H
X O S O M X Y L J P F P M L P E M I Q H C V X
O M H C U T N E H C S A T P A K P M L J U W E
N G N C S P Y E L F T S G J A X E M C S A Z M
I H R P E Q P C B A D V D L S I S E N W O A Z
O K J F Q V K A Y S G R L X V Z Y R X K G J T
```

Die Lösung findest du ganz hinten.

ANTI-WEIHNACHTSSONGS

Damit du die Weihnachtszeit gut überstehst, ist die richtige musikalische Untermalung ungeheuer wichtig. Hier findest du eine Liste der besten Anti-Weihnachtssongs, die garantiert für unweihnachtliche Stimmung sorgen.

"I Won't Be Home for Christmas" von Blink-182

"Merry Christmas (I Don't Want to Fight Tonight)" von The Ramones

"Jingle Bombs" von Jeff Dunham

"Santa Claus Go Straight to the Ghetto" von James Brown

"Let me sleep (it's Christmas time)" von Pearl Jam

"Christmas Ain't Christmas" von The O'Jays

"I Hate Christmas Parties" von Relient K

"Santa Stole My Girlfriend" von The Maine

"Christmas Was Better in the 80s" von The Futureheads

"Nothing for Christmas" von New Found Glory

"Christmas by the Phone" von Good Charlotte

"This Christmas (I'll burn it to the ground) von Set It Off

"Grandma got run over by a reindeer" von Reel Big Fish

ANTI-STRESS WEIHNACHTSYOGA

Sind die Vorbereitungen für das Fest mal wieder viel zu hektisch? Keine Sorge! Weihnachtsyoga ist genau das Richtige, um den ganzen weihnachtlichen Stress schnell zu vergessen.

Befreiter Weihnachtsmuffel

Setz dich auf den Boden mit gekreuzten Beinen und lege die Hände entspannt auf den Knien ab. Dein Rücken ist dabei gerade. Atme tief durch und lasse bei jedem Ausatmen alle Gedanken an Geschenke, Weihnachtslieder und Festtagsbraten los.

Der schlafende Weihnachtsmann

Diese Pose ist eine Variation von Shavasana, wo man flach auf dem Rücken liegt. Stell dir vor, du bist der Weihnachtsmann nach einer langen Nacht der Geschenkeverteilung und nimmst dir eine wohlverdiente Pause.

Weihnachtlicher Bandscheibenvorfall

Diese Pose startet im Stehen mit breit gespreizten Beinen. Du beugst dich mit leicht gebeugten Knien nach vorne und legst die Hände auf die Knie. Mit tiefen Ein- und Ausatmungen nutzt du diese Haltung, um Spannungen im unteren Rücken zu lösen.

Schlittschuhläufer im Sturz

Diese Pose ist eine Variation des Planks. Stell dir vor, du rutschst mit dem Gesicht voran auf einem zugefrorenen Teich aus, während du versuchst, elegant zu wirken. Versuche dabei, den Rücken möglichst gerade zu halten.

Ich habe heute leider kein Geschenk für dich

Stell dir vor, du bist der Weihnachtsmann, der endgültig keinen Bock mehr hat und deshalb gerade gekündigt hat. Setze dich entspannt auf einen Sessel und versuche, bewusst alle Muskeln zu entspannen.

Die fallende Tanne

Stell dir vor, du bist ein Weihnachtsbaum, der in einer zu engen Halterung steckt und mit zu viel kitschigem Schmuck behangen ist. Beuge dich nach hinten und versuche das Gleichgewicht zu halten, ohne dabei umzukippen.

FESTLICHE FEHLTRITTE

Du rutscht auf einer Geschenkverpackung aus und fällst in den Weihnachtsbaum. Male das Bild aus.

DER ANTI-WEIHNACHTSBAUM

Traditionelle Weihnachtsbäume sind sooo 2023. Hier erhältst du ein paar Vorschläge für alternative Weihnachtsbaumideen.

DER MÜLLBAUM

Für den Müllbaum brauchst du alte Zeitungen, Plastiktüten, leere Dosen, Draht und Klebeband. Zunächst formst du aus dem Draht ein kegelförmiges Gerüst in der gewünschten Baumgröße. Danach füllst du das Gerüst mit zerknüllten Zeitungen, um Volumen zu schaffen. Wickel dann Plastiktüten als "Tannenzweige" um den Draht und befestige leere Dosen als "Weihnachtskugeln" mit Klebeband am Baum.

DER PIZZABAUM

Rolle Pizzateig in verschiedenen Größen aus. Dann belege jedes Stück wie gewünscht, zum Beispiel mit Tomatensoße, Käse und deinen Lieblingsbelägen. Backe sie gemäß den Anweisungen für den Teig. Sobald sie fertig sind, kannst du sie übereinander stapeln, wobei das größte Stück die Basis bildet. Für den finalen Touch setze einen Stern aus Ananas oder einem gelben Gemüse oben drauf.

DER SOCKENBAUM

Der Sockenbaum setzt sich aus alten Socken, Draht oder einem dünnen Stock und einer Schnur zusammen. Stecke den Draht oder Stock in einen festen Stand, wie zum Beispiel in einen Blumentopf mit Erde. Hänge anschließend die Socken spiralförmig um den Draht oder Stock, beginnend von unten nach oben. Befestige die Socken mit der Schnur am Draht, sodass sie nicht herunterfallen.

DER DÖNERBAUM

Nimm ein Fladenbrot und schneide es in unterschiedliche Größen. Diese werden die Ebenen deines Baumes darstellen. Dann belege jedes Stück mit Dönerfleisch, Zwiebeln, Tomaten und je nach Geschmack mit weiteren Zutaten. Ein wenig Joghurtsoße oder Knoblauchsoße als "Schnee" darüber geträufelt verleiht dem Ganzen eine weihnachtliche Note. Wenn alle Ebenen belegt sind, stapelst du sie von der größten zur kleinsten übereinander.

REZEPT: BERUHIGUNGSTEE FÜR ERWACHSENE

Stresst Dich das Fest? Ist Dir der ganze Weihnachtstrubel zu viel? Dann ist dieser "Beruhigungstee" genau das Richtige für Dich! Vergiss die Rentierschlitten und Weihnachtslieder, denn es ist Zeit, sich zurückzulehnen, zu entspannen und einen Schluck Ruhe zu genießen.

ZUTATEN

- 1 Liter Rotwein, trockener
- 50ml Rum
- 2 Orangen, in Scheiben geschnitten
- 2 Orangen, ausgepresst
- 7 Nelken
- 2 Zimtstangen
- 1 Sternanis
- 50g brauner Zucker

ANLEITUNG

Gib den Rotwein, die Gewürze, die Orangenscheiben und den frisch gepressten Orangensaft in einen Topf und erwärme alles bei niedriger Stufe, ohne es kochen zu lassen. Dann gib den Rum und den Zucker dazu und erhitze das Ganze nochmals kurz.

Seihe die Gewürze und Orangenscheiben ab und serviere den Glühwein sofort heiß.

Für die alkoholfreie Version einfach den Rotwein mit Früchtetee ersetzen und den Rum weglassen.

WELCHE ART VON WEIHNACHTSMUFFEL BIST DU?

Mache den Test, um herauszufinden, welche Art von Weihnachtsmuffel du bist.

Wenn du Weihnachtslieder im Radio hörst, was machst du?

A) Ich lasse es laufen, aber es stört mich ein wenig.

B) Ich schalte sofort um oder mache das Radio aus.

C) Ich beschwere mich lautstark darüber.

Wie reagierst du, wenn du eine Einladung zu einer Weihnachtsfeier erhältst?

A) Ich gehe hin, aber freue mich nicht wirklich darauf.

B) Ich lehne höflich ab oder finde eine Ausrede.

C) Ich erkläre offen, warum ich Weihnachtsfeiern nicht mag.

Was machst du mit Weihnachtskarten, die du erhältst?

A) Ich stelle sie auf, aber nur aus Höflichkeit.

B) Ich vermeide es, sie aufzustellen.

C) Ich werfe sie weg oder mache Witze darüber.

Wie fühlst du dich bei dem Gedanken an Weihnachtseinkäufe?

A) Genervt, aber ich mache es trotzdem.

B) Ich vermeide es so weit wie möglich.

C) Ich äußere meine Abneigung gegenüber dem Konsumrausch.

Was tust du, wenn dir jemand „Frohe Weihnachten!" wünscht?

A) Ich lächle und erwidere den Gruß, auch wenn ich es nicht meine.

B) Ich nicke nur oder ignoriere es.

C) Ich sage etwas wie „Ich feiere kein Weihnachten".

Wie steht es um Weihnachtsdekorationen bei dir zu Hause?

A) Minimal oder nur, weil es erwartet wird.
B) Keine Dekoration.
C) Aktiv gegen Dekorationen.

Wie stehst du zu Weihnachtsfilmen?

A) Ich schaue sie mir an, aber eher widerwillig.
B) Ich meide sie.
C) Ich kritisiere sie und bevorzuge Anti-Weihnachtsfilme.

Was machst du am 24. Dezember?

A) Ich mache mit bei Weihnachtsaktivitäten, aber nicht begeistert.
B) Ich plane bewusst etwas anderes.
C) Ich nutze die Zeit, um meine Nicht-Teilnahme an Weihnachten zu betonen.

Wie reagierst du auf Weihnachtsmärkte?

A) Ich gehe vielleicht hin, aber es ist nicht mein Ding.
B) Ich meide sie komplett.
C) Ich äußere mich negativ darüber.

Wie ist deine allgemeine Einstellung zu Weihnachten?

A) Es ist okay, aber ich könnte auch ohne leben.
B) Ich möchte am liebsten nichts damit zu tun haben.
C) Ich finde es überbewertet und äußere das auch.

AUSWERTUNG:

Mehrheitlich A: Du bist wahrscheinlich ein *verdeckter Weihnachtsmuffel*. Du machst bei einigen Weihnachtsaktivitäten mit, aber innerlich bist du nicht wirklich dabei.

Mehrheitlich B: Du scheinst ein *vermeidender Weihnachtsmuffel* zu sein. Du hältst dich von Weihnachtsaktivitäten fern und versuchst, dem Fest aus dem Weg zu gehen.

Mehrheitlich C: Du bist wohl ein *aktiver Weihnachtsmuffel*. Du äußerst deine Abneigung gegen Weihnachten offen und stehst kritisch gegenüber den Festlichkeiten.

ENTWEDER ODER: WEIHNACHTSSONGS

Welchen der folgenden Songs findest du nerviger?

Last Christmas (Wham!)

oder

All I want for Christmas is you (Mariah Carey)

Last Christmas (Eartha Kit)

oder

Feliz Navidad (José Feliciano)

Stille Nacht (Joseph Mohr und Franz Gruber)

oder

Alle Jahre wieder (Wilhelm Hey und Friedrich Silcher)

Jingle Bells (James Lord Pierpont)

oder

Let it snow (Dean Martin)

Santa tell me (Ariana Grande)

oder

Mistletoe (Justin Bieber)

EINMAL LÄCHELN

Wow, was für ein schönes Weihnachtsfoto! Findest du die 6 Unterschiede? Die Lösung findest du ganz hinten im Buch.

HO-HO-HORROR

Du wolltest nur kurz eine wichtige Besorgung machen und wirst von einer wilden Horde Weihnachtsshoppern überrannt. Finde schnell ans andere Ende des Labyrinths, um ihnen zu entkommen.

AUSREDEN

Wie wäre es, Weihnachten dieses Jahr einfach komplett ausfallen zu lassen? Hier sind die besten Ausreden.

"Ich habe eine schwere Allergie gegen Lebkuchen und Tannenbäume entwickelt. Weihnachten ist für mich gesundheitlich bedenklich."

"Oh nein, jemand hat mein Haus mit Geschenkpapier eingewickelt und ich komme nicht mehr heraus."

"Ich habe beschlossen, in diesem Jahr den 'Nationalen Tag der ungewöhnlichen Feiertage' zu feiern, der zufällig auf denselben Tag wie Weihnachten fällt. Weihnachten wird also übersprungen."

"Ich habe eine Rolle in einem Weihnachtsfilm als Hauptfigur bekommen und muss den ganzen Monat Dezember am Set verbringen."

"Ich wurde von einer Gruppe Yetis entführt und muss als Übersetzer für sie dienen. Sie wollen herausfinden, warum die Menschen immer von einem 'weißen' Weihnachten träumen."

"Weihnachten fällt dieses Jahr aus, weil der Weihnachtsmann einen Urlaub braucht. Er hat sich für einen Tauchgang in der Karibik entschieden."

"Ich habe mich dieses Jahr freiwillig für die 'Teste, wie gut du ohne Weihnachten klarkommst'-Challenge angemeldet."

"Ich habe mich aus Versehen im Kalender geirrt und Weihnachten schon im Juli gefeiert. Die Nachbarn waren auch verwirrt."

"Meine Weihnachtsdeko ist letztes Jahr auf mysteriöse Weise verschwunden. Ich vermute, die Elfen haben sie für den Nordpol mitgenommen."

"Ich habe meine Weihnachtsstimmung zusammen mit den Weihnachtspullis in der Waschmaschine verloren. Sie ist einfach weg!"

"Ich habe mir aus Versehen eine Doku über Rentiere angesehen und kann jetzt aus Solidarität mit ihnen nicht Weihnachten feiern. Sie haben so viel zu tun in dieser Zeit!"

"Ich mache einen Kurs in Zeitmanagement und habe Weihnachten aus meinem Terminkalender gelöscht, um mehr 'Ich-Zeit' zu haben."

"Ich habe meine Wohnung als 'weihnachtsfreie Zone' ausgewiesen, um den Weihnachtsfilm-Marathon meiner Nachbarn auszugleichen. Es geht um die Balance im Universum."

"Ich habe meine Teilnahme an Weihnachten auf eBay versteigert und jemand hat sie tatsächlich gekauft. Geschäft ist Geschäft!"

"Meine Weihnachtssocken sind alle in der Wäsche, und ohne die richtige Fußbekleidung kann ich einfach nicht in Festtagsstimmung kommen."

WEIHNACHTSMANN IM URLAUB

Dieser Weihnachtsmann macht es richtig. Male ihn aus, um das selbe Level an Entspannung zu erreichen.

KANN MAL PASSIEREN

Ups, du hast "versehentlich" den Weihnachtsbaum angezündet. Mal dich Selbst bei einem Löschversuch, bevor es deine Verwandten bemerken.

DIY: WEIHNACHTSFREIE ZONE

Manchmal kann es ganz schön schwer sein, dem Weihnachtswahnsinn zu entkommen. Deshalb ist es hilfreich, dir eine weihnachtsfreie Zone in deinem Zuhause zu bauen. So geht es:

1. SANDKASTEN FÜR ERWACHSENE:

Besorge dir mehrere Säcke Spiel- oder Bausand aus dem Baumarkt. Verteile eine dünne Schicht auf einer großen Plane im Wohnzimmer. Hausschuhe aus, Zehen rein und schon fühlst du dich wie am Strand! Extra-Tipp: Ein paar vergrabene Spielzeugmuscheln machen das Ganze noch authentischer.

2. SONNENBAD DELUXE:

Räume dein Sofa beiseite und stelle stattdessen Liegestühle oder Strandmatten auf. Sonnenbrille auf, Cocktail in die Hand und entspannen!

3. MEERESRAUSCHEN:

Spiele das Geräusch von Wellen über deine Musikanlage oder den Fernseher ab. Für die echte Beach-Party-Stimmung sorgen Songs wie "Surfin' USA".

4. SELBSTGEBASTELTE PALMEN:

Verwende alte Schirmständer als Basis. Befestige grünes Krepppapier daran oder alte grüne T-Shirts als "Blätter". Für den Stamm eignet sich braunes Packpapier oder Jutesäcke.

5. BEACH-BAR:

Baue dir aus ein paar Holzbrettern und einem Tisch eine kleine Bar. Mixe dir tropische Cocktails (oder Mocktails). Strohhut auf und du bist der Barkeeper deiner eigenen Strandbar!

6. SONNE IM HAUS:

Hänge gelbe Ballons oder Lampions als „Sonne" auf. Eventuell eine sanfte gelbe Lichterkette verwenden, um den Sonnenuntergang zu simulieren.

7. STRANDMODE:

Schlüpf in deine Badehose oder deinen Bikini, ziehe Flip-Flops an und setz einen Strohhut auf. Wer will, kann auch mit Taucherbrille und Schnorchel durchs Wohnzimmer tauchen.

8. MEERESBRISE:

Stelle einen Ventilator auf und lasse ihn laufen. Für den echten Meeresduft hänge nasse Handtücher mit einer Prise Salz zum Trocknen auf.

9. STRANDSPIELE:

Bereite ein Beachball-Set vor oder spiele Frisbee (natürlich vorsichtig, um nichts zu zerbrechen)!

10. SELFIE-STATION:

Richte eine Ecke mit Strandaccessoires (Sonnenbrille, Rettungsring, Surfbrett aus Pappe) ein. Perfekt für lustige Urlaubsfotos, die deine Freunde neidisch machen werden!

VIEL SPAß BEI DEINEM STRANDURLAUB ZU HAUSE!

DER EHRLICHE WUNSCHZETTEL

Was wünschst du dir *wirklich* zu Weihnachten? Schreib es hier auf.

RÄTSEL: TANNENBAUM-TWIST MIT FOLGEN

Es ist Heilig Abend und du gehst in deine Lieblingsbar, um dem Weihnachtsstress zu entkommen. Beim Reingehen triffst du auf deinen Arbeitskollegen Daniel, den du gar nicht magst. Anscheinend ist er auch gerade erst angekommen, denn er zieht gerade seine Jacke aus und stellt sich dann an der Bar an. Du schaust dich in der Bar um und erblickst ein Schild auf dem steht, dass es heute einen speziellen Weihnachtscocktail namens Tannenbaum-Twist zum halben Preis gibt. Zwar hast du gar keine Lust auf noch mehr Festtagsstimmung, aber anderseits bist du gerade ziemlich knapp bei Kasse (Dank der ganzen unnötigen Geschenke, die du kaufen musstest). "Egal, Drink ist Drink", denkst du dir und machst dich auf den Weg zur Theke. Zum Glück hat Daniel mittlerweile bestellt und macht sich mit seinem Weihnachtscocktail auf die Suche nach einem Sitzplatz. Du bestellst ebenfalls einen Tannenbaum-Twist nimmst den ersten Schluck. Sofort bist du positiv überrascht, denn der Drink schmeckt sehr lecker. Es ist eine gelungene Mischung aus Zimt, Orange und Whiskey, die perfekt kombiniert wurde. Serviert wird er in einem Kristallglas, in dem ein kleiner Tannenzweig im Eis steckt. Du bist sehr durstig und gestresst von all den nervigen Weihnachtsverpflichtungen in deinem Leben, deshalb trinkst du fünf Tannenbaum-Twists in der Zeit, die Daniel für den ersten Drink braucht. Du willst dich gerade wieder auf den Heimweg machen, als du siehst wie Daniel in Lichtgeschwindigkeit auf die Toilette rennt, während er sich den Bauch hält. Wenig später erfährst du, dass Daniel eine Lebensmittelvergiftung hatte, weil sein Drink mit Salmonellen verseucht ist. Du fragst dich, wie es möglich sein kann, dass du gar keine Symptome hast obwohl ihr das selbe Getränk getrunken habt. Was könnte der Grund sein?

Die Lösung findest du hinten im Buch.

WEIHNACHTSMANN IM MUFFELMODUS

Der Weihnachtsmann ist genervt. Kannst du ihn aufheitern, indem du ihn mit einem fröhlicheren Gesicht darunter zeichnest?

VIELEN DANK...

Deine Kollegen haben die tolle Idee, eine Runde Schrottwichteln zu organisieren. Für welche 6 Geschenke entscheiden sie sich? Die Wörter können sich quer, längs, diagonal und rückwärts verstecken.

```
F S L G R W V D T L A B M Y Q F E H V J G K T
N F Z V E W O E Z R B Z S S B O S N Z U S V X
Q S V V H S H N F C O E M I Q T A M O J W M I
L Y O I C R D N I E T S B A R G J F V Z Y F L
G R Q K S A B B H U J F M I J U O R I E U K S
U K J Q T U A I S E U H T M G L P S U D H Q V
W G S W A F A R H R W Y I Y S D U U T E Z A V
Z G F M L X V H Z O D H E T Q S L Q O N X I A
X R R J K Y I K W L V U V H L V O U H I L Q U
R Q E L N F J R Z A H V A T E F N J K D L O A
T S K X E J U K W M Z Z W U R S T G P R V V C
L V N N G C T S W S S S T W F U A F W A S R H
X M A C E A R K C B E A O H Z P Y F L S H P E
C D U X I D F Q K H V V Q B F G D L G G H V Q
F I U A L Z J V G W Q C X A T G J W S A F H S
Q E B H F M O S W J O R E H C S I M N O T E B
```

Die Lösung findest du im hinteren Teil des Buches.

UNFRÖHLICHE WEIHNACHTEN

Sehen weihnachtliche Familienfotos bei dir auch in etwa so aus? Male das Foto aus, um dir klarzumachen, dass du nicht alleine bist.

DIY: ANTI-WEIHNACHTSVERSTECK

Bist du die Art von Weihnachtsmuffel, die sich am liebsten vor dem ganzen Weihnachtstrubel verstecken möchte? Dann ist dieses DIY-Anti-Weihnachtsversteck genau das Richtige für dich! Mit ein paar einfachen Schritten kannst du dir deine eigene kleine Festtagsflucht basteln.

MATERIALIEN

- Ein großer Karton (je größer, desto besser)
- Decken und Kissen
- Eine Taschenlampe oder kleine Lampe
- Snacks und Getränke deiner Wahl
- Ein "Nicht stören"-Schild
- Optional: Ein gutes Buch oder Tablet zur Unterhaltung

ANLEITUNG

1. Karton-Paradies:
Schnappe dir den großen Karton und platziere ihn an einem ruhigen Ort in deiner Wohnung. Schneide eine Öffnung hinein, aber lass es wie eine geheime Tür aussehen.

2. Gemütliche Höhle:
Polstere den Boden des Kartons mit Decken aus. Platziere ein paar Kissen darin, damit es extra gemütlich wird.

3. Stimmungslicht:
Platziere die Taschenlampe oder die kleine Lampe in einer Ecke des Kartons. Wir wollen ja nicht im Dunkeln sitzen!

4. Snack-Station:

Versorge dich mit deinen Lieblingssnacks und Getränken. Stelle sicher, dass du genug hast, um eine längere Weihnachtsflucht zu überstehen.

5. "Nicht stören"-Schild:

Bastle ein Schild mit der Aufschrift "Nicht stören - Anti-Weihnachtszone" und hänge es außen am Karton auf.

6. Unterhaltung (optional):

Wenn du magst, nimm ein gutes Buch oder ein Tablet mit in dein Versteck, um dich zu unterhalten.

7. Abtauchen:

Krieche in dein Anti-Weihnachtsversteck, mache es dir gemütlich und genieße die Ruhe vor dem weihnachtlichen Sturm.

REAGIER DICH AB

Drucke ein Bild von etwas aus, das dich besonders an Weihnachten nervt. Hänge es an eine Dartscheibe und ziele.

WITZE

Vielleicht können dich ein paar Weihnachtswitze vom Weihnachtsstress ablenken.

Fragt die eine Gans eine andere: "Glaubst du an ein Leben nach Weihnachten?"

"Weißt du, welcher Zug die meiste Verspätung hat?", fragt der Sohn seinen Vater. "Nein, weiß ich nicht. Welcher ist es denn?", fragt der Vater verwundert. Der Sohn entgegnet: "Der, den du mir letztes Jahr zu Weihnachten schenken wolltest..."

Fritzchen geht zur Krippe und nimmt das Jesuskind aus dem Stroh. Mit entschlossener Miene sagt er: "Wenn ich diese Weihnachten wieder keine PlayStation kriege, dann siehst du deine Eltern nie wieder!"

Die Lehrerin fragt: "Wer kann einen Satz mit dem Wort Weihnachtsfest bilden?" Fritzchen antwortet: "Der Elch hält sein Geweih nachts fest."

Zwei Rosinen treffen sich. Fragt die eine: "Warum hast du denn einen Helm auf?" Antwortet die andere: "Ach, ich muss gleich in den Stollen."

Fritzchen wird von seinen Eltern beauftragt, in den Wald zu gehen, um einen Weihnachtsbaum zu suchen. Nach stundenlanger erfolgloser Suche gibt er schließlich auf und sagt: "Egal, dann nehme ich halt einen ohne Kugeln.."

Mit Tränen in den Augen erinnert sich ein Familienvater: "Jetzt erinnere ich mich, warum Weihnachten als Kind immer so schön war. Man musste die Geschenke noch nicht bezahlen!"

Die Angestellten im Postamt stoßen auf einen Brief, der an den Weihnachtsmann gerichtet ist. Neugierig beginnt einer der Angestellten, den Inhalt vorzulesen: "Lieber Weihnachtsmann, ich bin 10 Jahre alt und habe keine Eltern mehr. Im Kinderheim, in dem ich lebe, erhalten die anderen Kinder wunderbare Geschenke, aber ich werde immer übergangen. Mein größter Wunsch wäre ein Füllfederhalter, eine Mappe und ein Lineal." Die Geschichte berührt alle im Raum und sie legen zusammen, was sie können. Aber am Ende reicht das Geld nur für einen Füllfederhalter und eine Mappe. Einige Wochen später erreicht sie ein weiterer Brief vom selben Kind. Einer der Mitarbeiter zögert keinen Moment, reißt den Umschlag auf und liest vor: "Lieber Weihnachtsmann, tausend Dank für die wundervollen Geschenke! Ich habe mich riesig gefreut! Nur das Lineal war nicht dabei, aber das haben wahrscheinlich die Idioten bei der Post geklaut!"

Was macht Fritzchen mit einer Adventskerze vor dem Spiegel? Er feiert den 2. Advent.

"Meine Frau stresst mich seit einem halben Jahr so sehr, ich halte es nicht mehr aus!", erzählt ein Kollege dem anderen. "Warum, was macht sie denn?", fragt der andere. "Sie will, dass ich den Weihnachtsbaum weggräume.."

Ein obdachloser Mann sucht im Winter Schutz unter einer Brücke und zittert vor Kälte. Plötzlich taucht eine Fee auf und verkündet: "Dir steht ein Wunsch frei!" Der Mann, der vor Kälte bibbert, murmelt: "Dann wünsche ich mir ein warmes Plätzchen." Ein magisches Funkeln erscheint und die Fee reicht dem Mann einen heißen, dampfenden Keks.

DIY: ANTI-ADVENTSKALENDER

Der Anti-Adventskalender ist perfekt für alle, die im Dezember etwas Abwechslung und Humor suchen und sich von der klassischen Weihnachtsstimmung distanzieren wollen.

MATERIALIEN

- Ein großer Karton oder ein stabiles Stück Pappe
- 24 kleine Umschläge, Säckchen oder Boxen
- Stifte, Aufkleber, Schere, Kleber
- 24 humorvolle Sprüche, Witze oder Gründe, warum du Weihnachten nicht so magst
- Eventuell 24 kleine Nicht-Weihnachts-Leckereien oder Gimmicks

ANLEITUNG

Vorbereitung des Kartons:
Nimm den Karton und gestalte ihn, wie es dir gefällt. Je weniger weihnachtlich, desto besser. Vielleicht eine Sommerlandschaft oder ein Blümchenmuster.

Nummerierung:
Nummeriere die Umschläge, Säckchen oder Boxen von 1 bis 24. Du kannst dafür Stifte, Aufkleber oder was auch immer dir einfällt, verwenden.

Befüllung:
Schreibe auf 24 Zettel kleine humorvolle Sprüche, Witze oder Gründe, die gegen Weihnachten sprechen. Falte die Zettel und stecke in jeden Umschlag einen hinein. Hier kannst du auch die Anti-Weihnachtssnacks und Gimmicks hinzufügen.

Und fertig ist dein Anti-Weihnachtskalender!

ADVENT, ADVENT, DIE KÜCHE BRENNT

Eigentlich wolltest du nur kurz Plätzchen backen. Dummerweise brennt jetzt die Küche. Male das Bild aus, bis die Feuerwehr kommt.

ENTWEDER ODER: WEIHNACHTSFILME

Welchen der folgenden Filme findest du nerviger?

Kevin - Allein zu Haus **oder** Der Polarexpress

Schöne Bescherung **oder** Der Grinch

Ist das Leben nicht schön? **oder** Die Geister, die ich rief...

Tatsächlich... Liebe **oder** Liebe braucht keine Ferien

Die Muppets-Weihnachts-geschichte **oder** Wunder einer Winternacht

Die Eiskönigin - Völlig unverfroren **oder** Eine Weihnachts-geschichte

SELBSTPORTRAIT

Wie siehst du aus, wenn du ganz besonders genervt von Weihnachten bist? Zeichne dich.

VERDREHTE WÖRTER

Kannst du die verdrehten weihnachtlichen Wörter entziffern?

WCAHHEIETNN

NEECHS

CESGHENK

EKIPRP

KKSE

WHLIGÜEN

LPRLIEAENLIFKV

NRSET

NHÄCEPTZL

DVNEAT

IWIMELTEGZS

NETRRIE

KUNLASIO

Die Lösung findest du ganz hinten im Buch.

GRINCH-SMOOTHIE

Dieser leckere grüne Smoothie ist perfekt für jeden Grinch.

ZUTATEN

- 250 ml Wasser
- 1 Apfel, grün
- 30 g Spinat
- 2 Kiwi(s)
- ½ Zitronen

1. Schäle die Kiwi, schneide den Apfel in kleinere Stückchen und presse die Zitrone aus.
2. Gib das Obst zusammen mit dem Spinat und Wasser in einen Mixer.
3. Mixe alles so lange, bis keine Stückchen mehr vorhanden sind. Und fertig ist dein Weihnachtsmuffel-Smoothie!

Genieße den Smoothie am besten direkt nach Zubereitung.

SCHNELL WEG HIER

Du willst Urlaub am Stand machen, um Weihnachten zu ignorieren. Doch jetzt ist dein Reisepass plötzlich verschwunden. Findest du zu ihm?

ERFÜLL DIR DEINE WÜNSCHE SELBST

Gibt es Dinge, die du dir jedes Jahr zu Weihnachten wünschst, aber nie bekommst? Male sie unter diesen Weihnachtsbaum, damit sie zumindest imaginär in Erfüllung gehen.

WAHR ODER FALSCH?

Sind die folgenden Aussagen wahr oder falsch? Die Lösungen findest du hinten im Buch.

1. Wahr oder falsch: Die ursprüngliche Farbe vom Weihnachtsmann-Anzug war Grün, aber Coca-Cola änderte sie in Rot.

2. Wahr oder falsch: Die ersten künstlichen Weihnachtsbäume wurden aus Gänsefedern hergestellt.

3. Wahr oder falsch: Die Tradition des Weihnachtsbaums stammt ursprünglich aus Australien.

4. Wahr oder falsch: In der Ukraine ist es üblich, den Weihnachtsbaum mit Spinnen und Spinnweben zu schmücken.

5. Wahr oder falsch: Vor dem 19. Jahrhundert wurde Weihnachten hauptsächlich als Party- und Trinkfest gefeiert.

6. Wahr oder falsch: Jingle Bells war ursprünglich ein Thanksgiving-Lied.

7. Wahr oder falsch: Die Figur des Weihnachtsmanns basiert auf einer realen Person namens Sankt Nikolaus, der in der Antarktis lebte.

8. Wahr oder falsch: Die Tradition, Milch und Kekse für den Weihnachtsmann zu hinterlassen, wurde ursprünglich von einer Keksfirma erfunden.

9. Wahr oder falsch: In Norwegen verstecken die Menschen an Heiligabend ihre Besen, um böse Geister und Hexen abzuwehren.

10. Wahr oder falsch: "Stille Nacht" ist das meistverkaufte Weihnachtslied aller Zeiten.

11. Wahr oder falsch: Das größte Geschenk, das jemals gegeben wurde, war die Freiheitsstatue. Frankreich schenkte sie den USA zu Weihnachten.

12. Wahr oder falsch: Die Tradition, Weihnachtscracker zu ziehen, stammt ursprünglich aus Mexiko.

13. Wahr oder falsch: Die ersten Weihnachtskarten wurden von einem britischen Beamten erfunden, weil er zu faul war, allen seinen Freunden individuelle Weihnachtsgrüße zu schreiben.

14. Wahr oder falsch: In Island gibt es eine Weihnachtstradition, bei der eine furchterregende Katze Menschen frisst, die keine neuen Kleider zu Weihnachten bekommen.

15. Wahr oder falsch: Die höchste jemals aufgestellte Weihnachtspyramide war über 100 Meter hoch.

16. Wahr oder falsch: In Griechenland bringen böse Kobolde namens Kallikantzaroi während der Weihnachtszeit Unfug.

17. Wahr oder falsch: Die Tradition, Weihnachtskränze an der Tür aufzuhängen, stammt ursprünglich aus dem antiken Rom.

18. Wahr oder falsch: In Spanien bringen die Heiligen Drei Könige anstatt des Weihnachtsmanns die Geschenke zu Weihnachten.

19. Wahr oder falsch: Die erste elektrische Weihnachtsbeleuchtung wurde von Thomas Edison erfunden.

20. Wahr oder falsch: In den Niederlanden feiern die Menschen hauptsächlich am 25. Dezember Weihnachten.

MUT ZUR HÄSSLICHKEIT

Bist Du es satt, jedes Jahr die gleichen glänzenden und perfekten Geschenke unter dem Baum zu sehen? Dann ist diese Anleitung zum extra hässlichen Einpacken genau richtig für dich!

MATERIALIEN

- Alte Zeitungen oder bunte Werbeprospekte
- Klebeband (möglichst das breite, silberne Panzertape)
- Schleifen oder Bänder (je unpassender, desto besser)
- Bunte Marker oder Stifte
- Alufolie
- Optional: Aufkleber, Glitzer, alte Schnürsenkel, etc.

ANLEITUNG

1. Vorbereitung

Suche ein paar alten Zeitungen oder Werbeprospekte. Je zerknitterter und bunter, desto besser.

2. Einpacken

Wickle das Geschenk locker in das Zeitungspapier ein. Achte darauf, dass es ungleichmäßig und schlampig aussieht. Falten und Risse sind erwünscht!

3. Fixieren

Verwende großzügig das Panzertape. Kreuz und quer ist hier das Motto. Bonuspunkte, wenn das Tape auf der Vorderseite des Pakets besonders dominant ist.

4. Dekoration

Nimm Schleifen oder Bänder und binde sie unordentlich um das Paket. Kombiniere Farben, die absolut nicht zusammenpassen.

5. Personalisierung

Mit bunten Markern oder Stiften kannst du auf das Paket malen oder schreiben. Sei kreativ: Kritzeleien, witzige Sprüche oder absichtlich falsch geschriebene Namen bieten sich an.

6. Extra Hässlichkeit

Verwende Alufolie, um Teile des Pakets zu umwickeln. Das gibt einen extra hässlichen Glanzeffekt.

7. Finish

Füge, falls gewünscht, Aufkleber, Glitzer, alte Schnürsenkel oder andere skurrile Elemente hinzu. Je mehr, desto chaotischer!

8. Präsentation

Überreiche das Geschenk mit absolut ernstem Gesicht und warte auf die Reaktion.

TREFFEN MIT DEM WEIHNACHTSMANN

Deine Abneigung gegen Weihnachten spricht sich langsam rum, denn der Weihnachtsmann steht plötzlich vor dir. Er bietet dir an, dir 5 Dinge wünschen zu dürfen, damit du Weihnachten wieder magst. Wofür entscheidest du dich?

1.

2.

3.

4.

5.

DRAMA IM WOHNZIMMER

Sören ist extrem genervt von den schlechten Geschenken. Male ihn zur Beruhigung aus.

ES REICHT

Dieser Lebkuchenmann hat wirklich genug! Warum ist er so wütend? Schreibe oder male mögliche Gründe dazu.

NERVIGE SPRÜCHE

Kommen dir die folgenden Sprüche bekannt vor? Kreuze sie an, wenn du sie zur Weihnachtszeit hörst.

"Hast du zugenommen?" ◯

„Wann bringst du endlich mal einen Freund/eine Freundin mit?" ◯

„Zu meiner Zeit..." ◯

„Hast du das Geschenk schon ausgepackt, das ich dir gegeben habe? Wie findest du es?" ◯

„Du bist schon wieder zu spät!" ◯

„Ach, du arbeitest immer noch in dem gleichen Job?" ◯

„Dieses Jahr geht Weihnachten aber schnell vorbei, oder?" ◯

"Ist der Baum schief oder bilde ich mir das ein?" ◯

„Dieses Jahr bin ich aber wirklich spät dran mit den Geschenken." ◯

„Wusstest du, dass Weihnachten ursprünglich ein heidnisches Fest war?" ◯

"Also früher hatten wir deutlich mehr Schnee." ◯

EINMAL LÄCHELN

Was gibt es nervigeres als unangenehme Weihnachtsbilder? Klebe hier dein schlimmstes Bild ein, damit es bloß nie jemand sieht.

GESCHENKE MAL ANDERS

Es ist Heilig Abend und du stellst fest, dass du sämtliche Geschenke vergessen hast. Kein Problem! Mal sie hier auf, schneide sie aus und gib sie deinen Freunden und Verwandten. Sie freuen sich sicher über den *persönlichen Touch*.

WAS WÄRE DIR LIEBER?

Zur Weihnachtszeit stehen wir oft vor schwierigen Entscheidungen. Welche der folgenden Szenarien wäre dir lieber?

Würdest du lieber den Weihnachtsmann überreden, seinen Schlitten gegen ein umweltfreundliches Elektroauto auszutauschen
oder
jeden Tag Weihnachtskarten an Leute schicken, die du nicht kennst?

Würdest du lieber den gesamten Weihnachtsmonat lang Weihnachtsmusik hören müssen
oder
an jedem Weihnachtsmorgen von einer Armee von singenden Elfen geweckt werden?

Würdest du lieber bei einer Weihnachtsfeier als einziger Gast ohne Geschenk auftauchen
oder
als einziger Gast in einem festlichen Rentierkostüm erscheinen?

Würdest du lieber eine Stunde lang mit einem singenden Schneemann in einem Aufzug stecken bleiben
oder
in einem Schlitten mit einem überaktiven Weihnachtselfen durch die Stadt fahren müssen?

Würdest du lieber deinen gesamten Weihnachtsbaum mit Rosenkohl statt mit Christbaumkugeln schmücken
oder
Plätzchen essen müssen, die nach Tannenzweigen schmecken?

Würdest du lieber in einem Weihnachtswichtelkostüm arbeiten
oder
jeden Tag Weihnachtsplätzchen ohne Schokoladenstückchen essen?

Würdest du lieber den Weihnachtsmann davon überzeugen, für immer in den Ruhestand zu gehen
oder
bei einem Schneeballschlachtturnier gegen eine Armee von Schneemännern antreten?

Würdest du lieber die ganze Weihnachtszeit ohne Strom und elektrisches Licht auskommen müssen
oder
Weihnachtslichter in deinem Haus haben, die so hell sind, dass man sie aus dem Weltraum sehen kann?

Würdest Du lieber ständig von Weihnachtselfen verfolgt werden
oder
jedes Mal, wenn jemand "Frohe Weihnachten" sagt, niesen müssen?

Würdest Du lieber das ganze Jahr über in einem Weihnachtsmann-Kostüm zur Arbeit gehen
oder
bei jeder Besprechung Weihnachtslieder summen?

Würdest Du lieber einen Adventskalender mit ausschließlich Rosenkohl haben
oder
jeden Tag im Dezember einen Weihnachtsmarkt besuchen müssen?

Würdest Du lieber immer, wenn Du "Jingle Bells" hörst, unkontrollierbar tanzen müssen
oder
bei jedem Weihnachtsschmuck, den Du siehst, einen Witz erzählen müssen?

ETWAS ZUR ABLENKUNG

Sudoku soll bekanntlich gegen Stress helfen. Probiere es gleich mal aus.

4			1	5	8			9
7	5	2			9	8	3	1
9				1		7		
					5	9		2
	7	8	2	9			1	6
1				8			9	4
6		9				3	2	8
	8	5						7

Die Lösung findest du ganz hinten im Buch.

FUN FACTS

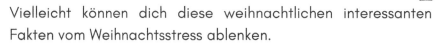

Vielleicht können dich diese weihnachtlichen interessanten Fakten vom Weihnachtsstress ablenken.

Weihnachtsbaum-Alternative:
In Neuseeland werden oft Pohutukawa-Bäume statt traditioneller Tannenbäume geschmückt. Diese blühen im Dezember mit leuchtend roten Blüten.

Wissenschaftlicher Weihnachtsspaß:
Wissenschaftler haben berechnet, dass der Weihnachtsmann, um alle Kinder der Welt in einer Nacht zu besuchen, etwa 822 Häuser pro Sekunde anfliegen müsste.

Weihnachtsdekorationen in der Umlaufbahn:
1991 brachte die Besatzung der Raumstation Mir einen künstlichen Weihnachtsbaum ins All.

Historische Unklarheit:
Niemand weiß genau, wann Jesus geboren wurde. Der 25. Dezember wurde erst im 4. Jahrhundert als offizielles Datum für Weihnachten festgelegt.

Rentiere sind eigentlich weiblich:
In Wirklichkeit haben männliche Rentiere um Weihnachten herum bereits ihre Geweihe verloren. Die Rentiere, die den Schlitten vom Weihnachtsmann ziehen, sollten also theoretisch alle weiblich sein!

Die größte Weihnachtskarte:
Im Jahr 2001 wurde in Großbritannien die größte Weihnachtskarte erstellt. Sie war 15 Meter hoch und 8 Meter breit.

UNWEIHNACHTLICH

Findest du die 6 extrem unweihnachtlichen Begriffe, die hier versteckt sind? Die Wörter können sich quer, längs, diagonal und rückwärts verstecken.

```
U K S P F A J U N T I P L P S F K G N D D Z O
N Q E T U E J T L B V R T D J Q Y X X Q Y U C
L G K T L F E S B B B Q I A H M P U G B B N P
D H E M V N L I U O J S H V I I S U R F E N D
W C Q Y T V O K S H O F V J B O V L E S U V L
S U R R M D S O A C K Y S H E D Z V K F I C I
W U U A K P A G B A R F U K I H F W B B T T V
M T L W F F N V R L Q E B O U H Y P O D M J V
R E U K R E D D Q B Y K M K U M N K Z S E D G
P A L M E S B E D H D G M E E J B B K T J N J
Z L L F Y I U E Y Y Q N M A S P H W H H Q Q A
Q U I O T I R D I N I K I B O G O Y A U V P R
C W M Q K K G O V V S F J G I A Q M R Q Q I P
N X H S N C K Z L N P M F L U G X R H V V U X
P S O N N E N B R A N D K J E R R E I M P T I
L A R P B O K U Z M Q A N Y E C G L Q A S B W
```

Die Lösung findest du ganz hinten im Buch.

JINGLE HELLS

Bist du genervt vom Weihnachtslieder-Singen? Versuche es mal mit diesen leicht abgeänderten Texten.

Original: "Fröhliche Weihnacht überall"
WEIHNACHTSMUFFEL-VERSION:

"Fröhliche Weihnacht, nirgends hier,
wo ist der Strand, das kühle Bier?
Überall Plätzchen und Tannenduft,
ich will Sonne und Meeresluft!"

Original: "Ihr Kinderlein kommet"
FÜR WEIHNACHTSMUFFEL:

"Ihr Kinderlein, bleibet,
Oh bleibt doch zu Haus.
Denn ich brauche Ruhe,
Ich gehe nicht raus."

Original: "Stille Nacht, heilige Nacht"
FÜR WEIHNACHTSMUFFEL:

"Stille Nacht, laute Nacht,
Alles stresst.
Hilf mir doch."

Original: "Alle Jahre wieder"
FÜR WEIHNACHTSMUFFEL:

"Alles Jahre wieder,
Kommt der Weihnachtsstress.
Ich bekomm gleich Fieber
Ich hoffe ich vergess."

Original: "Leise rieselt der Schnee"
FÜR WEIHNACHTSMUFFEL:

"Leise rieselt der Schnee,
Nur im Stau ich steh.
Warum ist die Stadt so voll?
Weihnachten, ich find' dich nicht toll."

DIE MÜTZEN-MISERE

Dieser Weihnachtsmann ist sehr genervt, weil er seine Mütze verloren hat und jetzt sein Kopf kalt ist. Kannst du ihm eine neue malen?

SCHLECHTE GESCHENKE

Hast du noch mehr Ideen für schlechte Geschenke? Schreibe sie hier auf.

1.

2.

3.

4.

5.

KARMA, BABY

Das ist_____ (füge Namen einer Person ein, die du nicht magst). Folge dem Labyrinth, damit die Person zu ihrem Weihnachtsgeschenk findet.

ADVENTS-AVERSION

Male dich selbst an dem Ort, an dem du am liebsten
Weihnachten verbringen würdest.

DIY: GRINCH-MASKE

Die selbstgebastelte Grinch-Maske hilft dir dabei, deine Einstellung zu Weihnachten möglichst effektiv der Außenwelt mitteilen zu können.

MATERIALIEN:

- Grüner Filzstoff (für das Gesicht)
- Schwarzer Filzstoff oder ein schwarzer Permanentmarker (für die Augenbrauen und die Gesichtszüge)
- Rotes Filzband oder Gummiband (um die Maske zu befestigen)
- Heißklebepistole oder Textilkleber
- Schere
- Ein Stück Karton oder dickes Papier (für die Schablone)
- Bleistift

ANLEITUNG:

1. Schablone erstellen:
Zeichne auf dem Karton den Umriss des Grinch-Gesichts. Denke daran, dass die Maske groß genug sein muss, um dein Gesicht zu bedecken. Schneide die Schablone aus.

2. Stoff zuschneiden:
Lege die Schablone auf den grünen Filzstoff und zeichne die Form mit dem Bleistift nach. Schneide das Grinch-Gesicht aus dem grünen Filzstoff aus.

3. Gesichtszüge gestalten:

Schneide aus dem grünen Filzstoff zwei ovale Stücke für die Augen und ein umgekehrtes U für das Grinch-Lächeln. Verwende den Permanentmarker, um feine Linien für Augenbrauen und Falten zu gestalten. Alternativ kannst du auch den schwarzen Filzstoff verwenden. Klebe alles mit der Heißklebepistole oder Textilkleber auf das grüne Gesicht.

4. Gummiband befestigen:

Schneide zwei kleine Schlitze an beiden Seiten des Grinch-Gesichts, etwa auf Höhe der Ohren. Fädle das rote Filzband oder Gummiband durch die Schlitze und binde die Enden fest zusammen. Die Länge des Bandes hängt davon ab, wie groß der Kopfumfang ist.

5. Trocknen lassen:

Lasse alles gut trocknen, bevor du die Maske trägst.

Und voilà! Deine DIY Grinch-Maske ist fertig! Perfekt für Weihnachtsmuffel oder einfach nur zum Spaß während der Festtage.

DER WEIHNACHTSPULLOVER

Du bekommst einen besonders hässlichen Weihnachtspullover geschenkt. Mal ihn aus, um ihn zu verschönern.

ENTWEDER ODER (GESCHENKE)

Welches dieser Geschenke gefällt dir besser?

Die Vollversion von Microsoft 98	**oder**	Die Erwachsenenversion von "Twilight"
Schuppen-shampoo	**oder**	Ein David-Hasselhoff Kalender
Ein personalisiertes Brandeisen	**oder**	Eine CD (Bravo-Hits 2003)
Eine Gutscheinkarte ohne Geld drauf	**oder**	Eine lebensgroße Karton-Version von dir
Eine Tischsäge	**oder**	Ein 5€ Amazon-Gutschein
Ein MP3-Player	**oder**	Eine flauschige Tarantel

ÜBERLEBENSTIPS

Läuft etwas am Weihnachtstag schief? Nutze die folgenden Erklärungen.

Sollte der Weihnachtsmann nicht erscheinen, versichere den Kindern, dass er "im Homeoffice arbeitet" und einen modernen Ansatz verfolgt.

Wenn die Geschenke nicht rechtzeitig eintreffen, behaupte, dass du gegen Traditionen rebellierst und deshalb erst am 5. Januar deine Geschenke verteilst.

Wenn du dich von der Weihnachtsmusik genervt fühlst, schlage vor, einen Meditationszirkel in absoluter Stille zu veranstalten.

Sollte der Weihnachtsbaum umfallen, tue so, als würdest du eine "alternativ-moderne" Weihnachtsdekoration ausprobieren.

Wenn du vergisst, welches Geschenk für wen war, spiele das "Spiel der Überraschung" und bitte die Betroffenen, das Geschenk zu erraten.

Wenn du keine Lust hast, die Geschenke einzupacken, sage einfach, dass Geschenkpapier Papierverschwendung ist und du die Umwelt schonen möchtest.

Wenn die Weihnachtsmusik ausfällt, sag einfach, dass du "stille Nacht" wortwörtlich praktizieren möchtest.

Sollte ein Brandloch im Weihnachtstischläufer entstehen, erkläre dass es beabsichtigt ist und dass es ein beliebtes Designelement des "Shabby Chic"-Looks ist.

Wenn das Weihnachtsessen zu früh fertig wird, dann sage, es ist eine neue Zeitmanagement-Technik namens "Präventives Feiern".

Wenn du ein Geschenk vergessen hast, dann improvisiere mit einem "Gutschein für gemeinsame Zeit". Die Herstellung dauert nur so lange wie das Schreiben einer Karte.

Wenn die Weihnachtsbeleuchtung ausfällt, dann verkünde, dass du dieses Jahr das Konzept "Zurück zur Natur" ausprobierst und das Kerzenlicht bevorzugst.

Wenn du die Weihnachtslieder-CD nicht findest, dann ist es Zeit für das "Unplugged Weihnachtskonzert", bei dem jeder sein Lieblingslied summt.

Wenn die Weihnachtsgans flieht, dann präsentiere es als "Die Gans, die Weihnachten gerettet hat: ein Lehrstück über Freiheit und Glück."

BULLSH*T-BINGO

Kreuze jedes Mal, wenn eins der aufgelisteten Ereignisse eintritt, das entsprechende Feld auf Deiner Bingo-Karte an. Schaffst Du es, eine Reihe horizontal, vertikal oder diagonal zu füllen, rufe laut "Bingo!" und du gewinnst. Der Preis? Das Recht, sich offiziell als Weihnachtsmuffel des Jahres zu krönen und sich einen Moment der Ruhe von der Weihnachtshektik zu gönnen.

Es regnet	Dein Geschenk ist doof	Das Essen verbrennt	Du hast Schnupfen	Es gibt Streit
Du isst zu viel	Der Weihnachts-baum fällt um	Die Lichter-kette ist verknotet	Du siehst ein hässlich eingepacktes Geschenk	Jemand blamiert dich
Du hast Blähungen	Du stehst im Stau	Dir ist zu warm	Ein Familien-mitglied stresst dich	Das Geschenk wird nicht rechtzeitig geliefert
Du bekommst Kopfweh von der Duftkerze	Das Essen schmeckt nicht	Du fühlst dich gestresst	Der Weihnachts-baum ist schief	Die Internet-verbindung ist schlecht
Dir ist zu kalt	Du führst ein nerviges Telefonat	Im Supermarkt ist alles ausverkauft	Jemand ist un-freundlich	Du bekommst nervige Ratschläge

SCHLIMMER GEHT IMMER

Du dachtest eigentlich, dass der Tag nicht schlimmer werden kann. Doch dann fängt auch noch jemand an, dich mit uninteressanten Dingen zuzutexten. Erzähle einfach ein paar der folgenden schlechten Witze, um die Person schnell loszuwerden.

Warum können Geister keine Lügen erzählen?
Weil man sie schnell durchschaut.

Was sagt ein Null zur Acht?
Schicker Gürtel!

Was macht ein Clown im Büro?
Faxen!

Wie nennt man einen Bumerang, der nicht zurückkommt?
Ein Stock.

Was sagt der große Stift zum kleinen Stift?
Wachsmalstift!

Wie nennt man eine Gruppe von Wölfen?
Wolfgang.

Was ist gelb und schießt?
Eine Banone.

WEIHNACHTSMUFFELGESCHICHTE

Schreibe eine (un-)weihnachtliche Geschichte. Beginne jeden Satz mit dem unten genannten Buchstaben.

A_____

B_____

C_____

D_____

E_____

F_____

G_____

H_____

I_____

J_____

K_____

L_____

M_____

N_____

O_____

P_____

Q_____

R_____

S_____

T_____

U_____

V_____

W_____

X_____

Y_____

Z_____

WEIHNACHTSTRADITIONEN

Warst du zur Weihnachtszeit schon mal in einem anderen Land? Vielleicht gefallen dir die Weihnachtstraditionen ja dort besser.

MEXIKO

In Oaxaca, Mexiko, findet am 23. Dezember das "Fest des Rettichs" statt. Künstler schnitzen Szenen der Geburt Christi und andere Darstellungen aus riesigen Radieschen.

NORWEGEN

In Norwegen verstecken viele Familien ihre Besen vor dem Schlafengehen am Heiligen Abend, da es Tradition ist zu glauben, dass Hexen und böse Geister herauskommen und Besen stehlen.

ITALIEN

Statt des Weihnachtsmannes bringt in Italien eine freundliche Hexe namens La Befana in der Nacht zum 6. Januar Geschenke für die braven Kinder und Kohle für die ungezogenen.

SPANIEN

In den traditionellen Krippenszenen in Katalonien gibt es oft eine Figur, die in der Hocke sitzt und sein Geschäft verrichtet. Er wird als "Caganer" bezeichnet und soll Glück und Fruchtbarkeit bringen.

UKRAINE

Laut einer ukrainischen Legende brachte eine arme Witwe keine Geschenke für ihre Kinder. Spinnen, die Mitleid mit ihr hatten, webten über Nacht wunderschöne Spinnweben über den Weihnachtsbaum der Familie. Daher dekorieren einige Ukrainer ihre Bäume mit Spinnweben.

JAPAN

In den 1970er Jahren startete KFC eine erfolgreiche Marketingkampagne in Japan. Seitdem ist es für viele Japaner Tradition, an Weihnachten KFC zu essen.

SCHWEDEN

In der Stadt Gävle wird jedes Jahr ein riesiger Ziegenbock aus Stroh aufgestellt. Es hat sich jedoch auch eine nicht so festliche Tradition entwickelt, bei der man versucht, den Bock vor Weihnachten niederzubrennen.

USA

Eine Weihnachtsgurke wird am Heiligen Abend als letzter Schmuck in den Weihnachtsbaum gehängt. Am Weihnachtsmorgen darf das Kind, das die Gurke zuerst findet, ein zusätzliches Geschenk öffnen. Auch in Deutschland gibt es Gegenden, wo dieser Brauch üblich ich.

WALES

Dort gibt es einen alten Brauch, bei dem eine Pferdeschädel-Maske auf einem Stab getragen wird. Die Menschen ziehen dann von Tür zu Tür, singen und fordern die Bewohner heraus, Rätsel zu lösen.

ISLAND

Anstatt eines Weihnachtsmanns gibt es in Island 13 "Yule Lads". Sie sind schelmische Wesen, die in den 13 Tagen bis Weihnachten in die Städte kommen und entweder Geschenke bringen oder Schabernack treiben.

VENEZUELA

In der Hauptstadt Caracas ist es Tradition, am Heiligen Abend mit Rollschuhen zur Mitternachtsmesse zu fahren. Einige Straßen werden sogar für den Verkehr gesperrt, um den Rollschuhfahrern Platz zu machen.

REZEPT: GESCHMOLZENE SCHNEEMANN-COOKIES

Für den Teig
250g Mehl (Type 405)
60g Zucker
1 Pck. Vanillezucker
1 Prise Salz
125g Butter (kalt)

Für die Schneemänner
20 Marshmallows
Lebensmittelfarbe (orange & schwarz)
200g Puderzucker
2 EL Wasser
Packung bunte Mini-Schokolinsen
50g Zartbitterschokolade (alternativ: braune Zuckerschrift)

1. Mehl, Zucker, Vanillezucker, Salz und Butter zu einem glatten Teig kneten. Teig in Frischhaltefolie gewickelt ca. 30 Min. in den Kühlschrank legen. Gegen Ende der Kühlzeit den Ofen auf 180 Grad Ober-/Unterhitze (Umluft 160 Grad) vorheizen.

2. Teig auf leicht bemehlter Arbeitsfläche ausrollen. Mit einem runden Ausstecher (Ø 9 cm) 20 Kreise ausstechen. Kekse auf ein mit Backpapier belegtes Blech legen. Im vorgeheizten Ofen ca. 12-15 Min. backen, dann vollständig auf dem Blech auskühlen lassen.

3. Marshmallows bereitstellen. Mit Lebensmittelfarbstiften auf jedes Marshmallow schwarze Augen und einen Mund sowie eine orange Karotte als Nase zeichnen.

4. Puderzucker in eine Schüssel geben, Wasser nach und nach unterrühren, bis ein zäher Guss entsteht. Zuckerguss mithilfe eines Spritzbeutels oder mit einem Teelöffel auf den Keksen verteilen. Sofort ein Marshmallow aufsetzen sowie 3 kleine Mini-Schokolinsen vor dem Marshmallow auflegen (das sind die Knöpfe). Am besten Keks für Keks vorgehen, damit der Zuckerguss noch nicht angetrocknet ist.

Und fertig sind die geschmolzenen-Schneemann-Cookies! Guten Appetit!

WITZE

Erzähle ein paar Witze, um schnell von unangenehmen Themen am Weihnachtstisch wegzukommen.

Die Großmutter zur Enkelin: "Zu Weihnachten darfst du dir von mir ein Buch wünschen!" "Danke, Oma! In dem Fall hätte ich gerne dein Sparbuch."

Die Eltern erwischen ihr Kind beim Flunkern. Entrüstet sagen sie: "Wir haben dir doch gesagt, dass du nicht lügen sollst!" Daraufhin das Kind: "Das sagen genau die Richtigen! Ich sag nur Christkind, Osterhase, Zahnfee..."

Lisa wacht in der Nacht vor Weihnachten auf, weil sie seltsame Geräusche im Wohnzimmer hört. Sie läuft hinein und sieht den Weihnachtsmann, der gerade Geschenke verteilt. "Hallo Weihnachtsmann!", ruft sie freudig. "Endlich treffe ich dich persönlich! Darf ich mir etwas wünschen?" Der Weihnachtsmann lächelt freundlich und sagt: "Natürlich. Was wünschst du dir denn?" Lisa antwortet: "Ich wünsche mir ein Einhorn!" Daraufhin schüttelt der Weihnachtsmann den Kopf und sagt: "Tut mir Leid, aber die Wünsche müssen realistisch sein." Lisa überlegt kurz und sagt dann: "Dann wünsche ich mir die große Liebe." "Welche Farbe soll das Einhorn haben?"

Sagt der Vater zu Fritzchen: "Fritzchen, zünde doch bitte den Weihnachtsbaum an!" Nach einer Weile fragt Fritzchen: "Okay Papa, die Kerzen jetzt auch?"

Zwei Schneemänner stehen im Garten. Sagt der eine: "Findest du nicht auch, dass es hier komisch riecht?" Darauf der andere: "Oh ja, jetzt wo du es sagst! Es riecht nach Karotten!"

Wie nennt man einen dünnen Weihnachtsmann? Nikolauch.

Drei Männer stranden auf einer einsamen Insel und kämpfen monatelang ums Überleben. Am 24. Dezember erscheint plötzlich der Weihnachtsmann. Er sagt: "Ich gewähre jedem von euch einen Wunsch!" Der erste Mann sagt: "Ich wünsche mich zurück zu meiner Familie." Puff! Er ist weg. Der zweite Mann sagt: "Ich wünsche mir, zurück in mein gemütliches Zuhause zu gehen." Puff! Er ist weg. Der dritte Mann schaut sich um und sagt: "Mir ist langweilig. Ich wünschte, meine Freunde wären wieder hier."

Wie heißen die Fußballschuhe von Jesus? Christstollen.

Der Weihnachtsmann, der Osterhase und ein Weihnachtsmuffel treffen sich. Sie finden eine 100-Euro-Note auf dem Boden. Wer hebt sie auf?
Der Weihnachtsmuffel, denn die anderen beiden gibt es ja nicht!

Was hat man, wenn man Glühwein zu heiß trinkt? Gebrannte Mandeln.

Ein Mann betritt ein Kaufhaus und fragt: "Könnte ich bitte einen Adventskalender aus dem Jahr 1980 haben?" Der Verkäufer schaut ihn verwirrt an und entgegnet: "Haben Sie sie nicht alle?"
Der Mann erwidert: "Nein, es fehlt mir noch der Adventskalender von 1980."

Fritzchen erzählt: "Zu Weihnachten habe ich ein Geschicklichkeitsspiel bekommen." Daraufhin fragt ein Freund: "Und, wie findest du es?" Fritzchen antwortet: "Das würde ich auch gerne wissen, aber ich schaffe es leider nicht, die Verpackung zu öffnen."

Welche Nationalität hat der Weihnachtsmann? Nordpole.

DER ALLJÄHRLICHE WAHNSINN

Welche Dinge rund um die Weihnachtszeit nerven dich am meisten?

1.

2.

3.

4.

5.

RUDOLPHS RACHE: REIME FÜR REBELLIERENDE

Schreibe ein Anti-Weihnachtsgedicht mit mindestens 3 sich reimenden Versen.

FUN FACTS

Bombardiere deine Verwandtschaft einfach nonstop mit interessanten Fakten zum Thema Weihnachten, damit sie erst gar nicht auf die Idee kommt zu fragen, weshalb du immer noch Single bist.

Weihnachtsmusik-Overload: Einzelhandelsmitarbeiter hören im Durchschnitt 16 mal am Tag "Last Christmas". Für Weihnachtsmuffel ist einmal schon einmal zu viel.

Weihnachten auf einem anderen Planeten: Auf dem Uranus würde Weihnachten nur alle 84 Jahre stattfinden, da dies die Umlaufzeit des Planeten um die Sonne ist.

Eco-Friendly Weihnachtsbaum: In Mexiko-Stadt wurde einst ein Weihnachtsbaum aus 98 Tonnen recycelten Plastikflaschen errichtet.

Weltrekord für Weihnachtsbaum-Dekoration: In Deutschland wurde ein Weihnachtsbaum mit 76.596 Christbaumkugeln geschmückt, ein Weltrekord.

Die teuerste Weihnachtsdekoration: Ein Stern aus Diamanten und Saphiren, im Wert von rund 9,4 Millionen Euro, schmückte 2009 einen Weihnachtsbaum in Singapur.

Weihnachtslieder-Phobie: Es gibt tatsächlich eine psychologische Abneigung gegen Weihnachtslieder, bekannt als "Christmas Carol Syndrome".

Santa's Postcode: In Kanada hat der Weihnachtsmann seine eigene Postleitzahl: H0H 0H0.

Verbotene Weihnachten: In England wurde Weihnachten von 1647 bis 1660 offiziell verboten. Das Verbot wurde erst nach der Wiedereinsetzung von König Karl II. aufgehoben.

Lichterglanz-Labyrinth: Das Entwirren von Lichterketten führt zu einem Anstieg des Stresshormons Cortisol. Nutze diese Erklärung, um dich vor dem Dekorieren zu drücken.

Kerzen-Kollaps: Etwa 8% der jährlichen Hausbrände in den USA werden durch Kerzen verursacht, von denen viele während der Weihnachtszeit angezündet werden. Ein Grund mehr für Weihnachtsmuffel, die Lichterketten skeptisch zu betrachten.

Kranz-Komödie: Der Weihnachtskranz symbolisiert ewiges Leben, was Weihnachtsmuffel ironisch finden, da er aus abgeschnittenen Zweigen besteht, die unweigerlich vertrocknen.

Die längste Weihnachtskrippe: Die längste Weihnachtskrippe der Welt wurde in Italien aufgebaut und war über 1.600 Meter lang.

Kalorien-Katastrophe: Durchschnittlich konsumieren Menschen am Weihnachtstag etwa 7.000 Kalorien. Weihnachtsmuffel nennen das einen guten Grund, den Festtagsschmaus zu meiden.

Rentiere können nicht rot sehen: Trotz der beliebten Geschichte von Rudolph mit der roten Nase können Rentiere tatsächlich die rote Farbe nicht sehen. Sie sind farbenblind für Rot.

Tannennadel-Fall: Ein durchschnittlicher Weihnachtsbaum verliert etwa 70 bis 100 Nadeln pro Tag. Das ist genug, um den Weihnachtsmuffel im täglichen Kehrdienst zu bestärken.

VON MIR FÜR DICH

Du möchtest dich für die miesen Geschenke der letzten Jahre rächen und kaufst ebenso schlechte Geschenke. Wofür entscheidest du dich? Die 6 Wörter können sich quer, längs, diagonal und rückwärts verstecken.

```
Y Y L X K Y B F D Z J Q O E W T J O P H B Z V
V R O R H Z V W U D Q X R I Y W Z Q I I S G Y
J Z N E L K U E S B H M N V G B I R Y J T W U
N I L K I J X Y C K B A T G I A E W N W R K G
W T O C A R F M H V J C Z R M B G T N F O Q A
Y Q Q O C B P K G E D O P G B K E O S L H E E
N G R S V F X I E C M Y L U A G L R G W H M N
Y D E L T Q Y F L C Z B Y E F C S Y W Q A L U
J E V E K S V E I Z X F A F P N T E W O L U V
U L D Z F M P W P R E J X D L P E D I E M J Y
W B N N C X P H B L E D R J D A I H U M D E B
X K C I F N R H R H N T O D D N R A B Q O A
W F Z E H N E Z D M C J O R J I L F P O N K M
W K F J X U J P D T K O I T V L V H R H U R G
W I L M X H H W V B G H G K G Q N E O T N Z A
H R E S S A W N W I I C F N B G W Y W R F W R
```

Die Lösung findest du hinten im Buch.

TIEF DURCHATMEN

Mandalas sollen angeblich beruhigend wirken. Male den Lebkuchenmann aus, um den gewünschten Effekt zu erzielen.

WEIHNACHTSFILM-KLISCHEE-TRINKSPIEL

Das Weihnachtsfilm-Klischee-Trinkspiel ist eine unterhaltsame Art und Weise, klassische Weihnachtsfilme zu genießen, besonders wenn man sie schon oft gesehen hat. Hier ist eine einfache Anleitung für das Spiel:

MATERIALIEN

- Einen Weihnachtsfilm (vorzugsweise einer, der bekannt für seine Klischees ist)
- Getränke nach Wahl für jeden Teilnehmer (alkoholisch oder alkoholfrei)
- Eine Liste von Weihnachtsfilm-Klischees (siehe unten)

1. **Film Auswählen:** Wähle einen klassischen Weihnachtsfilm aus. Filme wie "Kevin - Allein zu Haus", "Die Geister, die ich rief", "Der Grinch" oder "Liebe braucht keine Ferien" sind voller Klischees und eignen sich hervorragend.
2. **Klischee-Liste Erstellen:** Mache eine Liste von typischen Weihnachtsfilm-Klischees. Du kannst auch die vorgegebene Liste auf der nächsten Seite verwenden.
3. **Spielregeln Festlegen:** Legt gemeinsam fest, was passieren soll, wenn ein Klischee erfüllt wird. Zum Beispiel könnte jeder einen Schluck nehmen oder ihr könntet abwechselnd trinken.

Heimkehr-Klischee: Trink, wenn der Hauptcharakter in seine Heimatstadt zurückkehrt.

Mistelzweig-Kuss: Trink, wenn jemand unter dem Mistelzweig geküsst wird.

Verlorener Weihnachtsgeist: Trink, wenn ein Charakter sagt, dass er/sie nicht an Weihnachten glaubt oder es nicht mag.

Magischer Schneefall: Trink, wenn es plötzlich zu schneien beginnt – besonders, wenn es zur romantischen Szene passt.

Unerwartetes Weihnachtswunder: Trink, wenn ein Weihnachtswunder passiert.

Weihnachtsmann-Erscheinung: Trink, wenn der Weihnachtsmann auf magische Weise erscheint oder erwähnt wird.

Weihnachtslieder im Hintergrund: Trink, wenn ein bekanntes Weihnachtslied im Hintergrund spielt.

Familienversöhnung: Trink, wenn entfremdete Familienmitglieder sich versöhnen.

Weihnachtsessen-Desaster: Trink, wenn beim Weihnachtsessen etwas schiefgeht.

Verwechslungen und Missverständnisse: Trink, wenn es zu einer komischen oder romantischen Verwechslung kommt.

Weihnachtsmarkt-Zauber: Trink, wenn eine wichtige Szene auf einem Weihnachtsmarkt stattfindet.

Unerwarteter Gast: Trink, wenn ein unerwarteter Gast die Weihnachtsfeier aufmischt.

Rettung von Weihnachten: Trink, wenn ein Charakter Weihnachten in letzter Minute rettet.

Bonus: Weihnachtsfilm-Meta-Kommentar: Trink zwei Schlucke, wenn ein Charakter einen Kommentar über Weihnachtsfilme oder deren Klischees macht.

WEIHNACHTSMIEZEREI

Dein Verwandter schickt dir eine *wunderschöne* Weihnachtskarte. Entdeckst du die 6 Unterschiede?

NERVIGSTE WEIHNACHTEN

Was war das nervigste Weihnachten, das du je erlebt hast?
Schreib es hier auf. Lass alles raus!

SOS-NOTFALLKIT

Mit diesem Kit bist du bestens gewappnet, um den Dezember ohne übermäßigen Weihnachtsstress zu überstehen!

- **Ohrstöpsel:** Zum Blockieren von wiederholter Weihnachtsmusik und der fünften Wiederholung von "Last Christmas".
- **Anti-Weihnachts-Reisebuch:** Ein Reiseführer zu den besten Orten, an denen Weihnachten nicht gefeiert wird.
- **Anti-Glitzer-Spray:** Zum schnellen Entfernen unerwünschter Weihnachtsdekorationen von Kleidung und Möbeln.
- **Brille mit Dunkelschaltung:** Für den Fall, dass die Nachbarschaftslichter zu hell und blinkend sind.
- **Feiertags-Duftkerze:** Mit dem Duft von... absolut nichts. Einfach nur Ruhe.
- **Weihnachtsfilm-Übersetzungshandbuch:** Verwandelt typische Weihnachtsfilmzitate in allgemeine Sätze ohne festlichen Bezug.
- **Schokoladen-Adventskalender ohne Datum:** Jeden Tag Schokolade, ohne das tägliche Countdown-Gefühl.
- **Dezember-Schlafmaske:** Für lange Nickerchen, weit weg von allem Weihnachtstrubel.
- **Anti-Weihnachts-Playlist:** Songs, die absolut nichts mit Weihnachten zu tun haben.
- **Notausgang-Plan:** Eine detaillierte Karte mit Fluchtwegen für unerwartete Weihnachtsbesucher oder -veranstaltungen.
- **Weihnachtsfreie Zone:** Ein Band, das um dein Zimmer oder deinen Arbeitsplatz gezogen werden kann, um festliche Dekorationen (und Menschen) fernzuhalten.

GANS SCHNELL WEG HIER

Diese Weihnachtsgans hat wirklich keine Lust, auf dem Teller zu landen. Hilf ihr, den Ausweg zu finden.

GIBT BESSERES

Zum Glück gibt es viel bessere Feierlichkeiten als Weihnachten. Findest du die 6 anderen Festlichkeiten, die hier versteckt sind? Die Wörter können sich quer, längs, diagonal und rückwärts verstecken.

```
D T N Z L V V P M I C F I K A I X M X I J T O
Z R B N B F O W U N Y Q P G Y O X O A K Z R C
D X R O W C P U T R X P I C G D D Z W J S C E
R Q F T M V U W T E P O S N A L Y T Y I O O B
H F V Q Z K Z W E T M W I W T R G G K Q F R B
A M B B F V H X R S T K L D S M R N Y N K Z S
L Q I I H W D V T O J E V I T Q A J E X Q S E
L U Z R H I O D A S V O E O R W U S Y C X B N
O V J H O K M J G L B I S N U W E C B H U D L
W V T J V M J E R M I I T U B I Y B B M S Y T
E U G J O H J Q Z X Z C E Q E T J B Z W E X T
E E E E Y U A O U Q N V R U G R S S E I O V B
N A Q O X O I C T D M Y V I P Q M D J L L Y P
R G F C J C H F B D Y D R E Y L H L M T Q A G
D P R U B A C P F I N G S T E N X J C Y L S O
L C X J U J J J F O N L L C Y M K W I H S H N
```

Die Lösung findest du hinten im Buch.

90

WEIHNACHTSMANNS WUTANFALL

Dieser Weihnachtsmann hat gar keinen Bock mehr. Male ihn aus, um ihn mental zu unterstützen.

NOCH MEHR ÜBERLEBENSTIPPS

Hier findest du weitere Erklärungen, wenn an Weihnachten etwas schief geht.

Wenn der neue Weihnachtspullover juckt, dann ist das kein Fehlkauf, sondern eine "Achtsamkeitsübung in Textilform".

Wenn der Weihnachtsstern von der Spitze des Baumes fällt, dann handelt es sich um eine "Sternschnuppen-Simulation" (vergiss nicht, dir etwas zu wünschen!)

Wenn das Feuer im Kamin mehr raucht als wärmt, dann ist das nicht schlechtes Feuerholz, sondern eine improvisierte "Nordische Räucherzeremonie für weihnachtliche Wünsche".

Wenn du einer Person das falsche Geschenk gibst, dann ist das kein Versehen, sondern eine "Gelegenheit zum Perspektivwechsel und Empathie-Training".

Wenn der Festtagsbraten eher zäh als zart ist, dann ist das keine Panne, sondern eine "Kauübung zur Stärkung der Kiefermuskulatur"

Wenn die Lichterkette nur halb funktioniert, dann ist das keine defekte Beleuchtung, sondern eine "Lehre im Dualismus von Licht und Schatten".

Wenn du dich in den Weihnachtsliedertexten verhaspelst, dann ist das kein Fehler, sondern eine "Persönliche Neuinterpretation klassischer Melodien".

Wenn der Weihnachtskranz die Tür blockiert, dann ist das keine Fehlplatzierung, sondern ein "Interaktives Weihnachts-Gästescreening".

Wenn das Weihnachtsessen etwas salzig geraten ist, dann ist das kein Missgeschick, sondern "das Fest der Meere auf deinem Teller".

Wenn der Weihnachtsstrumpf reißt, während du ihn aufhängst, dann ist das keine Schwäche des Materials, sondern "ein erweiterter Stauraum für zusätzliche Geschenke".

Wenn die Weihnachtskarte unvollständig ist, weil du den Text verschmierst, dann ist das keine Unachtsamkeit, sondern "ein exklusives Designmerkmal".

Wenn der Nachtisch misslingt und flüssig bleibt, dann ist das kein Küchenunfall, sondern "eine moderne Interpretation des klassischen Puddings".

EINFACH NEIN

Was ist das schlimmste Geschenk, das du je bekommen hast? Male es auf.

DER ÜBERFORDERTE ELF

Dieser Weihnachtself hat dieses Jahr bereits sehr viele unbezahlte Überstunden gemacht. Male ihn aus, um ihn aufzuheitern.

MODERNE KUNST

Weiter vorne im Buch hast du bereits Ideen für alternative Weihnachtsbäume erhalten. Fällt dir noch mehr ein? Zeichne den Baum hier.

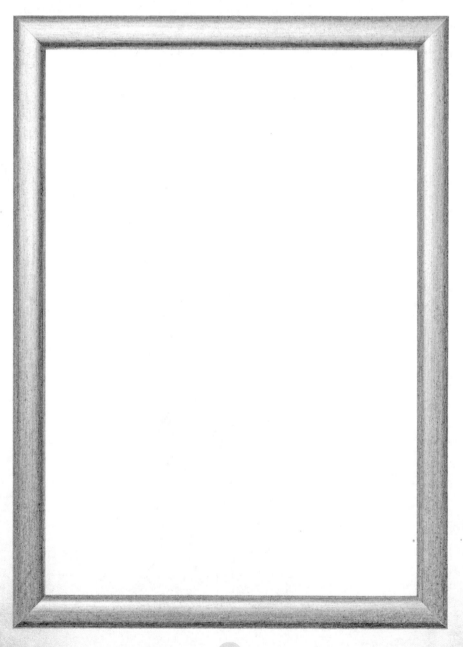

FRÖHLICHE WEIHNACHTEN

Du packst dein erstes Geschenk aus. Leider verschlimmert sich deine Stimmung nur weiter. Was ist es diesmal?

WÜRDEST DU LIEBER...

Für welche der folgenden Optionen entscheidest du dich?

Würdest du lieber den Weihnachtsmann auf Social Media blockieren
oder
Rudolphs rote Nase mit einem Sticker zukleben?

Würdest du lieber auf allen deinen Fotos mit einer
Weihnachtsmannmütze abgebildet sein
oder
in jedem Weihnachtsspiel die Rolle des Baumes übernehmen?

Würdest du lieber als Grinch auf einer Weihnachtsfeier auftreten
oder
im Sommer einen Schneemann bauen?

Würdest du lieber jeden Tag bis Weihnachten einen hässlichen
Weihnachtspullover tragen
oder
den Weihnachtsbaum mit Halloween-Dekoration schmücken?

Würdest du lieber beim Weihnachtsessen nur über Politik reden
oder
den ganzen Abend Weihnachtsfilme analysieren?

Würdest du lieber deinen Weihnachtsbaum mit Osterdeko behängen
oder
Weihnachtslieder in Heavy-Metal-Version hören?

Würdest du lieber dein Haus mit Halloween-Lichtern für Weihnachten schmücken

oder

an Heiligabend einen Marathon von Horrorfilmen schauen?

Würdest du lieber als Weihnachtsbaum verkleidet zum Neujahrsempfang gehen

oder

im Weihnachtsmannkostüm joggen?

Würdest du lieber eine Weihnachtsfeier mit dem Thema "Die Weihnachten, die wir gerne vergessen würden" veranstalten

oder

heimlich alle Weihnachtsdekorationen deiner Nachbarn durch Ostereier ersetzen?

Würdest du lieber Weihnachtslieder im Rap-Stil vortragen

oder

eine Weihnachtsmann-Mütze tragen, die jedes Mal "Grinch" sagt, wenn du den Raum betrittst?

Würdest du lieber deinen Weihnachtsbaum mit einer Sammlung gebrauchter Kugelschreiber schmücken

oder

statt einem Adventskranz einen Kranz aus alten Computerkabeln basteln?

Würdest du lieber Weihnachtsgedichte rezitieren, die sich nicht reimen und keinen Sinn ergeben

oder

Weihnachtsgrüße in einer erfundenen Sprache verschicken, die niemand versteht?

COOLER TYP IM HEIßEN SAND

Dieser Schneemann hatte keine Lust mehr auf Schnee und ist kurzerhand nach Hawaii geflogen. Entdeckst du die 6 Unterschiede?

EIN GESCHENK FÜR DICH

Glückwunsch, du hast es bis ans Ende dieses Buches geschafft! Obwohl Weihnachten ganz schön stressig sein kann, hast du es bisher immer gut gemeistert. Du kannst stolz auf dich sein! Hier ist eine besondere Weihnachtsmuffelmütze für dich. Male dich selbst mit der Mütze auf den Kopf.

LÖSUNGEN: WAHR ODER FALSCH

1. Falsch. Die ursprüngliche Farbe des Weihnachtsmann-Anzugs war nicht ausschließlich Grün. Der Weihnachtsmann wurde in verschiedenen Farben dargestellt, darunter Grün, Blau und Rot. Coca-Cola popularisierte allerdings das Bild des Weihnachtsmanns in Rot durch ihre Werbekampagnen in den 1930er Jahren.

2. Wahr. Die ersten künstlichen Weihnachtsbäume wurden tatsächlich aus gefärbten Gänsefedern hergestellt, besonders in Deutschland, wo natürliche Bäume knapp waren.

3. Falsch. Die Tradition des Weihnachtsbaums stammt ursprünglich aus Deutschland und hat sich von dort aus verbreitet. Sie hat keinen Ursprung in Australien.

4. Wahr. In der Ukraine ist es tatsächlich eine Tradition, den Weihnachtsbaum mit Dekorationen zu schmücken, die Spinnen und Spinnweben darstellen, basierend auf einer lokalen Legende.

5. Wahr. Vor dem 19. Jahrhundert wurde Weihnachten in vielen Kulturen als ein Fest mit ausgiebigen Feierlichkeiten und Trinkgelagen begangen.

6. Wahr. "Jingle Bells" wurde ursprünglich als Lied für Thanksgiving im Jahr 1857 von James Lord Pierpont geschrieben. Es wurde später mit Weihnachten assoziiert.

7. Falsch. Die Figur des Weihnachtsmanns basiert teilweise auf der historischen Figur des Sankt Nikolaus, einem Bischof, der im 4. Jahrhundert in Myra lebte (heute Teil der Türkei). Er lebte nicht in der Antarktis.

8. Falsch. Die Tradition, Milch und Kekse für den Weihnachtsmann zu hinterlassen, wurde nicht von einer Keksfirma erfunden, sondern hat ihre Wurzeln in alten europäischen Traditionen.

9. Wahr. In Norwegen verstecken einige Menschen tatsächlich ihre Besen an Heiligabend, um böse Geister und Hexen abzuwehren, basierend auf alten Traditionen und Aberglauben.

10. Falsch. Während "Stille Nacht" zweifellos eines der bekanntesten und am weitesten verbreiteten Weihnachtslieder ist, hält Bing Crosbys Version von "White Christmas" den Rekord als das meistverkaufte Weihnachtslied aller Zeiten.

LÖSUNGEN: WAHR ODER FALSCH

11. Falsch. Die Freiheitsstatue war tatsächlich ein Geschenk von Frankreich an die Vereinigten Staaten, aber sie war nicht speziell als Weihnachtsgeschenk gedacht. Die Statue, offiziell bekannt als "Liberty Enlightening the World" (Freiheit, die die Welt erleuchtet), war ein Geschenk zum hundertjährigen Jubiläum der amerikanischen Unabhängigkeitserklärung und ein Symbol der Freundschaft zwischen den beiden Nationen.

12. Falsch. Sie stammt aus Großbritannien.

13. Wahr. Die ersten Weihnachtskarten wurden Mitte des 19. Jahrhunderts in Großbritannien erfunden. Sir Henry Cole, ein britischer Staatsbeamter und Erfinder, hatte viele Freunde und war im Jahr 1843 zu beschäftigt, um ihnen allen individuelle Weihnachtsgrüße zu schreiben.

14. Wahr. In Island gibt es tatsächlich eine Weihnachtstradition, die mit einer furchterregenden Katze verbunden ist, bekannt als die Jólakötturinn oder die Weihnachtskatze. Der Folklore nach frisst diese riesige, mystische Katze Personen, die zu Weihnachten keine neuen Kleider erhalten.

15. Falsch. Eine der größten bekannten Weihnachtspyramiden stand in Dresden, Deutschland, und war etwa 14,62 Meter hoch.

16. Wahr. In der griechischen Folklore gibt es tatsächlich Kreaturen namens Kallikantzaroi, die als Kobolde oder böse Geister betrachtet werden. Es wird geglaubt, dass sie während der 12 Tage von Weihnachten, beginnend am 25. Dezember bis zum 6. Januar (Epiphanias), an die Oberfläche kommen, um Unfug und Chaos zu stiften.

17. Wahr. Die Tradition, Weihnachtskränze an der Tür aufzuhängen, hat tatsächlich Wurzeln, die bis ins antike Rom zurückreichen. Die Römer schmückten ihre Häuser mit immergrünen Girlanden während des Festivals von Saturnalien, einer Feier zu Ehren des Gottes Saturn.

18. Wahr. In Spanien ist es tatsächlich so, dass traditionell die Heiligen Drei Könige (Los Reyes Magos) am 6. Januar die Geschenke bringen, und nicht der Weihnachtsmann am 24. oder 25. Dezember. Dieser Tag, bekannt als Dreikönigstag oder Epiphanias, wird groß gefeiert und beinhaltet oft Paraden und Geschenkaustausch.

LÖSUNGEN: WAHR ODER FALSCH

19. Wahr. Die erste elektrische Weihnachtsbeleuchtung wird tatsächlich Thomas Edison und seinem Partner Edward Johnson zugeschrieben. Im Jahr 1882 stellte Johnson den ersten Weihnachtsbaum mit elektrischen Lichtern in seinem Haus in New York auf. Diese Innovation war ein großer Schritt weg von den gefährlichen Kerzen, die bis dahin verwendet wurden.

20. Falsch. In den Niederlanden wird Weihnachten hauptsächlich am 24. Dezember (Heiligabend), am 25. Dezember (erster Weihnachtstag) und am 26. Dezember (zweiter Weihnachtstag) gefeiert. Der 25. Dezember ist zwar ein wichtiger Teil der Feierlichkeiten, aber die Niederländer feiern Weihnachten über mehrere Tage hinweg.

LÖSUNGEN

Verdrehte Wörter

1. Weihnachten

2. Schnee

3. Geschenk

4. Krippe

5. Keks

6. Glühwein

7. Vanillekipferl

8. Stern

9. Plätzchen

10. Advent

11. Mistelzweig

12. Rentier

13. Nikolaus

Rätsel

Die Salmonellen waren im Eis. Da du so schnell getrunken hast, konnte das Eis nicht schmelzen.

LÖSUNGEN

Fehler finden

LÖSUNGEN

Fehler finden

LÖSUNGEN

Schlechte Geschenke

```
.  .  .  .  .  .  .  .  K  .  .  .  .  .  .  N  .  .  .  .
.  .  .  .  .  .  .  K  L  .  .  .  .  .  .  A  .  .  .  .
.  .  .  .  .  .  .  L  O  .  .  .  .  G  .  S  .  .  .  .
.  .  .  .  .  .  O  .  S  .  .  .  .  U  .  E  .  .  .  .
.  .  .  S  .  .  S  .  T  .  .  .  M  .  H  N  .  .  .  .
.  .  .  T  .  .  T  .  E  .  .  .  M  .  A  H  .  .  .  .
.  .  .  A  .  .  E  .  I  .  .  .  I  .  A  A  .  .  .  .
.  .  .  U  .  .  I  .  N  .  .  .  E  .  R  R  .  .  .  .
.  .  .  B  .  .  N  .  .  .  .  .  N  .  T  T  .  .  .  .
.  .  .  K  A  R  T  O  F  F  E  L  .  .  .  T  R  .  .  .
.  .  .  .  .  .  .  .  .  .  .  .  E  .  .  I  .  .  .  .
.  .  H  C  U  T  N  E  H  C  S  A  T  .  .  .  M  .  .  .
.  .  .  .  .  .  .  .  .  .  .  .  .  .  .  M  .  .  .  .
.  .  .  .  .  .  .  .  .  .  .  .  .  .  .  E  .  .  .  .
.  .  .  .  .  .  .  .  .  .  .  .  .  .  .  R  .  .  .  .
```

Vielen Dank...

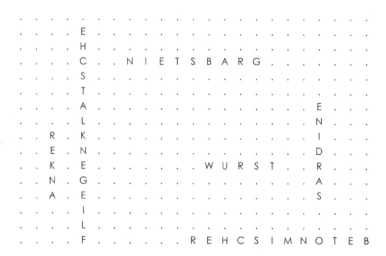

```
.  .  .  .  E  .  .  .  .  .  .  .  .  .  .  .  .  .  .  .
.  .  .  .  H  .  .  .  .  .  .  .  .  .  .  .  .  .  .  .
.  .  .  .  C  .  N  I  E  T  S  B  A  R  G  .  .  .  .  .
.  .  .  .  S  .  .  .  .  .  .  .  .  .  .  .  .  .  .  .
.  .  .  .  T  .  .  .  .  .  .  .  .  .  .  .  .  .  .  .
.  .  .  .  A  .  .  .  .  .  .  .  .  .  .  E  .  .  .  .
.  .  .  .  L  .  .  .  .  .  .  .  .  .  .  N  .  .  .  .
.  .  R  .  K  .  .  .  .  .  .  .  .  .  .  I  .  .  .  .
.  .  E  .  N  .  .  .  .  .  .  .  .  .  .  D  .  .  .  .
.  .  K  .  E  .  .  .  .  W  U  R  S  T  .  R  .  .  .  .
.  .  N  .  G  .  .  .  .  .  .  .  .  .  .  A  .  .  .  .
.  .  A  .  E  .  .  .  .  .  .  .  .  .  .  S  .  .  .  .
.  .  .  .  I  .  .  .  .  .  .  .  .  .  .  .  .  .  .  .
.  .  .  .  L  .  .  .  .  .  .  .  .  .  .  .  .  .  .  .
.  .  .  .  F  .  .  .  .  .  R  E  H  C  S  I  M  N  O  T  E  B
```

LÖSUNGEN

Unweihnachtlich

```
.  .  .  .  .  .  .  .  .  .  .  .  .  .  .  .  .  .  .  .
.  .  .  .  .  .  .  .  .  .  .  .  .  .  .  .  .  .  .  .
.  .  .  .  .  .  E  .  .  .  .  .  .  .  .  .  .  .  .  .
.  .  .  .  .  .  I  .  .  .  .  .  .  S  U  R  F  E  N  .
.  .  .  .  .  .  S  .  .  .  .  .  .  .  .  .  .  .  .  .
.  .  .  .  .  S  .  .  C  .  .  .  .  .  .  .  .  .  .  .
.  .  .  .  .  A  .  .  R  .  .  .  .  .  .  .  .  .  .  .
.  .  .  .  .  N  .  .  .  E  .  .  .  .  .  .  .  .  .  .
.  .  .  .  .  D  .  .  .  .  M  .  .  .  .  .  .  .  .  .
P  A  L  M  E  .  B  .  .  .  .  .  E  .  .  .  .  .  .  .
.  .  .  .  .  .  U  .  .  .  .  .  .  .  .  .  .  .  .  .
.  .  .  .  .  .  R  .  I  N  I  K  I  B  .  .  .  .  .  .
.  .  .  .  .  .  G  .  .  .  .  .  .  .  .  .  .  .  .  .
.  .  .  .  .  .  .  .  .  .  .  .  .  .  .  .  .  .  .  .
.  S  O  N  N  E  N  B  R  A  N  D  .  .  .  .  .  .  .  .
.  .  .  .  .  .  .  .  .  .  .  .  .  .  .  .  .  .  .  .
```

Von mir für dich

```
.  .  .  .  .  .  .  .  D  .  .  .  .  .  .  .  .  .  .  .
.  .  .  .  .  .  .  .  U  .  .  .  .  .  Z  .  .  S  .  .
.  .  .  E  .  .  .  S  .  .  .  .  .  I  .  .  T  .  .
.  .  .  K  .  .  .  C  .  .  .  .  .  E  .  .  R  .  .
.  .  .  C  .  .  .  H  .  .  .  .  G  .  .  O  .  .
.  .  .  O  .  .  .  G  .  .  .  .  E  .  .  H  .  .
.  .  .  S  .  .  .  E  .  .  .  .  L  .  .  H  .  .
.  .  .  L  .  .  .  L  .  .  .  .  S  .  .  A  .  .
.  .  .  E  .  .  .  .  .  .  .  .  T  .  .  L  .  .
.  .  .  Z  .  .  .  .  .  .  .  .  E  .  .  M  .  .
.  .  .  N  .  .  .  .  .  .  .  .  I  .  .  .  .  .
.  .  .  I  .  .  .  .  .  .  .  .  N  .  .  .  .  .
.  .  .  E  .  .  .  .  .  .  .  .  .  F  P  O  N  K  .
.  .  .  .  .  .  .  .  .  .  .  .  .  .  .  .  .  .  .
.  R  E  S  S  A  W  .  .  .  .  .  .  .  .  .  .  .  .
```

LÖSUNGEN

Gibt Besseres

```
                    M
                    U  N
                    T  R        G
                    T  E     S  A
H                   E  T     I  T
A                   R  S     L  S
L                   T  O  .  V  T
L                   A     E  R
O                   G        S  U
W                            T  B
E                            E  E
E                            R  G
N

            P  F  I  N  G  S  T  E  N
```

Etwas zur Ablenkung

4	6	3	1	5	8	2	7	9
7	5	2	4	6	9	8	3	1
8	9	1	3	2	7	6	4	5
9	2	4	8	1	6	7	5	3
3	1	6	7	4	5	9	8	2
5	7	8	2	9	3	4	1	6
1	3	7	6	8	2	5	9	4
6	4	9	5	7	1	3	2	8
2	8	5	9	3	4	1	6	7

Impressum

Anna Klaus
vertreten durch
econoMARK
Fürstenfelderstraße 9
80331 München

kontakt@liebigpublishing.com

Bibliografische Information der Deutschen Nationalbibliothek: Die Deutsche Nationalbibliothek verzeichnet
diese Publikation in der Deutschen Nationalbibliografie; detaillierte bibliografische Daten sind im Internet
über dnb.dnb.de abrufbar.

Printed in France by Amazon
Brétigny-sur-Orge, FR

16352170R00067